Logboek voor pasgeborenen

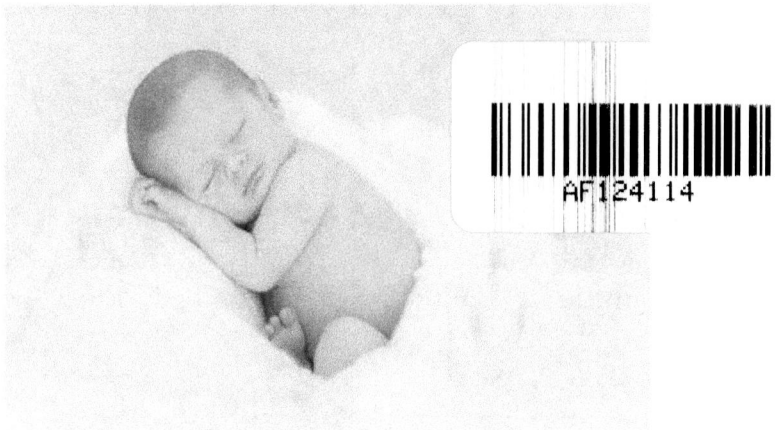

Dit boek hoort bij:

Dit logboek voor pasgeborenen zal u helpen de dag van uw baby bij te houden. Luierwissels, slaapschema's, voedingen, activiteiten, baby's stemming, medicijnen en notities zijn allemaal opgenomen.

Logboek voor pasgeborenen

DE STEMMING VAN DE BABY 😁 ☹️ 😌 😐 😠 **DATUM**

ETEN

AM

Tijd	Eten	Bedrag
___	___	___
___	___	___
___	___	___
___	___	___
___	___	___

PM

Tijd	Eten	Bedrag
___	___	___
___	___	___
___	___	___
___	___	___
___	___	___

SLAAP

AM

Begin	Einde	Duur
___	___	___
___	___	___
___	___	___
___	___	___
___	___	___

PM

Begin	Einde	Duur
___	___	___
___	___	___
___	___	___
___	___	___
___	___	___

LUIER

plas/poep	Tijd		plas/poep	Tijd
○ ○	___		○ ○	___
○ ○	___		○ ○	___
○ ○	___		○ ○	___

ACTIVITEITENNOTA'S

Logboek voor pasgeborenen

DE STEMMING VAN DE BABY 😁 ☹ 😌 😐 😠   **DATUM**

ETEN

AM

Tijd	Eten	Bedrag
___	___	___
___	___	___
___	___	___
___	___	___
___	___	___

PM

Tijd	Eten	Bedrag
___	___	___
___	___	___
___	___	___
___	___	___
___	___	___

SLAAP

AM

Begin	Einde	Duur
___	___	___
___	___	___
___	___	___
___	___	___

PM

Begin	Einde	Duur
___	___	___
___	___	___
___	___	___
___	___	___

LUIER

plas/poep	Tijd
○ ○	___
○ ○	___
○ ○	___

plas/poep	Tijd
○ ○	___
○ ○	___
○ ○	___

ACTIVITEITENNOTA'S

Logboek voor pasgeborenen

DE STEMMING VAN DE BABY 😁 ☹️ 😌 😐 😠 **DATUM**

ETEN

AM

Tijd	Eten	Bedrag
____	____	____
____	____	____
____	____	____
____	____	____
____	____	____

PM

Tijd	Eten	Bedrag
____	____	____
____	____	____
____	____	____
____	____	____
____	____	____

SLAAP

AM

Begin	Einde	Duur
____	____	____
____	____	____
____	____	____
____	____	____
____	____	____

PM

Begin	Einde	Duur
____	____	____
____	____	____
____	____	____
____	____	____
____	____	____

LUIER

plas/poep	Tijd
○ ○	____
○ ○	____
○ ○	____

plas/poep	Tijd
○ ○	____
○ ○	____
○ ○	____

ACTIVITEITENNOTA'S

Logboek voor pasgeborenen

DE STEMMING VAN DE BABY 😁 ☹️ 😌 😐 😠 **DATUM**

ETEN

AM			PM		
Tijd	Eten	Bedrag	Tijd	Eten	Bedrag
___	___	___	___	___	___
___	___	___	___	___	___
___	___	___	___	___	___
___	___	___	___	___	___
___	___	___	___	___	___

SLAAP

AM			PM		
Begin	Einde	Duur	Begin	Einde	Duur
___	___	___	___	___	___
___	___	___	___	___	___
___	___	___	___	___	___
___	___	___	___	___	___
___	___	___	___	___	___

LUIER

plas/poep	Tijd	plas/poep	Tijd
○ ○	___	○ ○	___
○ ○	___	○ ○	___
○ ○	___	○ ○	___

ACTIVITEITENNOTA'S

Logboek voor pasgeborenen

DE STEMMING VAN DE BABY 😁 ☹️ 😌 😐 😠 **DATUM**

ETEN

AM			PM		
Tijd	Eten	Bedrag	Tijd	Eten	Bedrag
___	___	___	___	___	___
___	___	___	___	___	___
___	___	___	___	___	___
___	___	___	___	___	___
___	___	___	___	___	___

SLAAP

AM			PM		
Begin	Einde	Duur	Begin	Einde	Duur
___	___	___	___	___	___
___	___	___	___	___	___
___	___	___	___	___	___
___	___	___	___	___	___
___	___	___	___	___	___

LUIER

plas/poep	Tijd	plas/poep	Tijd
○ ○	___	○ ○	___
○ ○	___	○ ○	___
○ ○	___	○ ○	___

ACTIVITEITENNOTA'S

Logboek voor pasgeborenen

DE STEMMING VAN DE BABY 😁 🙁 😌 😐 😠 **DATUM**

ETEN

AM				PM	
Tijd	Eten	Bedrag	Tijd	Eten	Bedrag
___	___	___	___	___	___
___	___	___	___	___	___
___	___	___	___	___	___
___	___	___	___	___	___
___	___	___	___	___	___
___	___	___	___	___	___

SLAAP

AM				PM	
Begin	Einde	Duur	Begin	Einde	Duur
___	___	___	___	___	___
___	___	___	___	___	___
___	___	___	___	___	___
___	___	___	___	___	___

LUIER

plas/poep	Tijd	plas/poep	Tijd
○ ○	___	○ ○	___
○ ○	___	○ ○	___
○ ○	___	○ ○	___

ACTIVITEITENNOTA'S

Logboek voor pasgeborenen

DE STEMMING VAN DE BABY 😁 ☹️ 😌 😐 😠   **DATUM**

ETEN

AM			PM		
Tijd	Eten	Bedrag	Tijd	Eten	Bedrag
___	___	___	___	___	___
___	___	___	___	___	___
___	___	___	___	___	___
___	___	___	___	___	___
___	___	___	___	___	___

SLAAP

AM			PM		
Begin	Einde	Duur	Begin	Einde	Duur
___	___	___	___	___	___
___	___	___	___	___	___
___	___	___	___	___	___
___	___	___	___	___	___

LUIER

plas/poep	Tijd	plas/poep	Tijd
○ ○	___	○ ○	___
○ ○	___	○ ○	___
○ ○	___	○ ○	___

ACTIVITEITENNOTA'S

Logboek voor pasgeborenen

DE STEMMING VAN DE BABY 😁 ☹️ 😌 😐 😠   **DATUM**

ETEN

AM			PM		
Tijd	Eten	Bedrag	Tijd	Eten	Bedrag
___	___	___	___	___	___
___	___	___	___	___	___
___	___	___	___	___	___
___	___	___	___	___	___
___	___	___	___	___	___

SLAAP

AM			PM		
Begin	Einde	Duur	Begin	Einde	Duur
___	___	___	___	___	___
___	___	___	___	___	___
___	___	___	___	___	___
___	___	___	___	___	___

LUIER

plas/poep	Tijd	plas/poep	Tijd
○ ○	___	○ ○	___
○ ○	___	○ ○	___
○ ○	___	○ ○	___

ACTIVITEITENNOTA'S

Logboek voor pasgeborenen

DE STEMMING VAN DE BABY 😁 ☹️ 😌 😐 😠   **DATUM**

ETEN

AM			PM		
Tijd	Eten	Bedrag	Tijd	Eten	Bedrag
___	___	___	___	___	___
___	___	___	___	___	___
___	___	___	___	___	___
___	___	___	___	___	___
___	___	___	___	___	___

SLAAP

AM			PM		
Begin	Einde	Duur	Begin	Einde	Duur
___	___	___	___	___	___
___	___	___	___	___	___
___	___	___	___	___	___
___	___	___	___	___	___
___	___	___	___	___	___

LUIER

plas/poep	Tijd	plas/poep	Tijd
○ ○	___	○ ○	___
○ ○	___	○ ○	___
○ ○	___	○ ○	___

ACTIVITEITENNOTA'S

Logboek voor pasgeborenen

DE STEMMING VAN DE BABY 😁 ☹️ 😌 😐 😠   **DATUM**

ETEN

	AM			PM	
Tijd	Eten	Bedrag	Tijd	Eten	Bedrag
___	___	___	___	___	___
___	___	___	___	___	___
___	___	___	___	___	___
___	___	___	___	___	___
___	___	___	___	___	___
___	___	___	___	___	___

SLAAP

	AM			PM	
Begin	Einde	Duur	Begin	Einde	Duur
___	___	___	___	___	___
___	___	___	___	___	___
___	___	___	___	___	___
___	___	___	___	___	___

LUIER

plas/poep	Tijd	plas/poep	Tijd
○ ○	___	○ ○	___
○ ○	___	○ ○	___
○ ○	___	○ ○	___

ACTIVITEITENNOTA'S

Logboek voor pasgeborenen

DE STEMMING VAN DE BABY 😁 ☹️ 😌 😐 😠 **DATUM**

ETEN

AM			PM		
Tijd	Eten	Bedrag	Tijd	Eten	Bedrag
___	___	___	___	___	___
___	___	___	___	___	___
___	___	___	___	___	___
___	___	___	___	___	___
___	___	___	___	___	___

SLAAP

AM			PM		
Begin	Einde	Duur	Begin	Einde	Duur
___	___	___	___	___	___
___	___	___	___	___	___
___	___	___	___	___	___
___	___	___	___	___	___
___	___	___	___	___	___

LUIER

plas/poep	Tijd	plas/poep	Tijd
O O	___	O O	___
O O	___	O O	___
O O	___	O O	___

ACTIVITEITENNOTA'S

Logboek voor pasgeborenen

DE STEMMING VAN DE BABY 😁 ☹️ 😌 😐 😠 **DATUM**

ETEN

AM			PM		
Tijd	Eten	Bedrag	Tijd	Eten	Bedrag
___	___	___	___	___	___
___	___	___	___	___	___
___	___	___	___	___	___
___	___	___	___	___	___
___	___	___	___	___	___
___	___	___	___	___	___

SLAAP

AM			PM		
Begin	Einde	Duur	Begin	Einde	Duur
___	___	___	___	___	___
___	___	___	___	___	___
___	___	___	___	___	___
___	___	___	___	___	___
___	___	___	___	___	___

LUIER

plas/poep	Tijd		plas/poep	Tijd
○ ○	___		○ ○	___
○ ○	___		○ ○	___
○ ○	___		○ ○	___

ACTIVITEITENNOTA'S

Logboek voor pasgeborenen

DE STEMMING VAN DE BABY 😁 ☹ 😌 😐 😠 **DATUM**

ETEN

AM			PM		
Tijd	Eten	Bedrag	Tijd	Eten	Bedrag
___	___	___	___	___	___
___	___	___	___	___	___
___	___	___	___	___	___
___	___	___	___	___	___
___	___	___	___	___	___

SLAAP

AM			PM		
Begin	Einde	Duur	Begin	Einde	Duur
___	___	___	___	___	___
___	___	___	___	___	___
___	___	___	___	___	___
___	___	___	___	___	___

LUIER

plas/poep	Tijd	plas/poep	Tijd
○ ○	___	○ ○	___
○ ○	___	○ ○	___
○ ○	___	○ ○	___

ACTIVITEITENNOTA'S

Logboek voor pasgeborenen

DE STEMMING VAN DE BABY 😁 ☹️ 😌 😐 😠   **DATUM**

ETEN

AM				PM	
Tijd	Eten	Bedrag	Tijd	Eten	Bedrag
___	___	___	___	___	___
___	___	___	___	___	___
___	___	___	___	___	___
___	___	___	___	___	___
___	___	___	___	___	___

SLAAP

AM				PM	
Begin	Einde	Duur	Begin	Einde	Duur
___	___	___	___	___	___
___	___	___	___	___	___
___	___	___	___	___	___
___	___	___	___	___	___
___	___	___	___	___	___

LUIER

plas/poep	Tijd	plas/poep	Tijd
○ ○	___	○ ○	___
○ ○	___	○ ○	___
○ ○	___	○ ○	___

ACTIVITEITENNOTA'S

Logboek voor pasgeborenen

DE STEMMING VAN DE BABY 😁 ☹️ 😌 😐 😠 **DATUM**

ETEN

AM			PM		
Tijd	Eten	Bedrag	Tijd	Eten	Bedrag
___	___	___	___	___	___
___	___	___	___	___	___
___	___	___	___	___	___
___	___	___	___	___	___
___	___	___	___	___	___
___	___	___	___	___	___

SLAAP

AM			PM		
Begin	Einde	Duur	Begin	Einde	Duur
___	___	___	___	___	___
___	___	___	___	___	___
___	___	___	___	___	___
___	___	___	___	___	___
___	___	___	___	___	___

LUIER

plas/poep	Tijd	plas/poep	Tijd
○ ○	___	○ ○	___
○ ○	___	○ ○	___
○ ○	___	○ ○	___

ACTIVITEITENNOTA'S

Logboek voor pasgeborenen

DE STEMMING VAN DE BABY 😁 ☹️ 😌 😐 😠   **DATUM**

ETEN

AM				PM		
Tijd	Eten	Bedrag		Tijd	Eten	Bedrag
___	___	___		___	___	___
___	___	___		___	___	___
___	___	___		___	___	___
___	___	___		___	___	___
___	___	___		___	___	___

SLAAP

AM				PM		
Begin	Einde	Duur		Begin	Einde	Duur
___	___	___		___	___	___
___	___	___		___	___	___
___	___	___		___	___	___
___	___	___		___	___	___
___	___	___		___	___	___

LUIER

plas/poep	Tijd		plas/poep	Tijd
○ ○	___		○ ○	___
○ ○	___		○ ○	___
○ ○	___		○ ○	___

ACTIVITEITENNOTA'S

Logboek voor pasgeborenen

DE STEMMING VAN DE BABY 😁 ☹️ 😌 😐 😠   **DATUM**

ETEN

AM			PM		
Tijd	Eten	Bedrag	Tijd	Eten	Bedrag
___	___	___	___	___	___
___	___	___	___	___	___
___	___	___	___	___	___
___	___	___	___	___	___
___	___	___	___	___	___

SLAAP

AM			PM		
Begin	Einde	Duur	Begin	Einde	Duur
___	___	___	___	___	___
___	___	___	___	___	___
___	___	___	___	___	___
___	___	___	___	___	___
___	___	___	___	___	___

LUIER

plas/poep	Tijd	plas/poep	Tijd
○ ○	___	○ ○	___
○ ○	___	○ ○	___
○ ○	___	○ ○	___

ACTIVITEITENNOTA'S

Logboek voor pasgeborenen

DE STEMMING VAN DE BABY 😁 ☹️ 😌 😐 😠   **DATUM**

ETEN

AM			PM		
Tijd	Eten	Bedrag	Tijd	Eten	Bedrag
___	___	___	___	___	___
___	___	___	___	___	___
___	___	___	___	___	___
___	___	___	___	___	___
___	___	___	___	___	___
___	___	___	___	___	___

SLAAP

AM			PM		
Begin	Einde	Duur	Begin	Einde	Duur
___	___	___	___	___	___
___	___	___	___	___	___
___	___	___	___	___	___
___	___	___	___	___	___
___	___	___	___	___	___

LUIER

plas/poep	Tijd	plas/poep	Tijd
○ ○	___	○ ○	___
○ ○	___	○ ○	___
○ ○	___	○ ○	___

ACTIVITEITENNOTA'S

Logboek voor pasgeborenen

DE STEMMING VAN DE BABY 😁 ☹️ 😌 😐 😠 **DATUM**

ETEN

AM			PM		
Tijd	Eten	Bedrag	Tijd	Eten	Bedrag
___	___	___	___	___	___
___	___	___	___	___	___
___	___	___	___	___	___
___	___	___	___	___	___
___	___	___	___	___	___

SLAAP

AM			PM		
Begin	Einde	Duur	Begin	Einde	Duur
___	___	___	___	___	___
___	___	___	___	___	___
___	___	___	___	___	___
___	___	___	___	___	___
___	___	___	___	___	___

LUIER

plas/poep	Tijd	plas/poep	Tijd
○ ○	___	○ ○	___
○ ○	___	○ ○	___
○ ○	___	○ ○	___

ACTIVITEITENNOTA'S

Logboek voor pasgeborenen

DE STEMMING VAN DE BABY 😁 ☹️ 😌 😐 😠   **DATUM**

ETEN

AM
Tijd	Eten	Bedrag

PM
Tijd	Eten	Bedrag

SLAAP

AM
Begin	Einde	Duur

PM
Begin	Einde	Duur

LUIER

plas/poep	Tijd		plas/poep	Tijd
○ ○			○ ○	
○ ○			○ ○	
○ ○			○ ○	

ACTIVITEITENNOTA'S

Logboek voor pasgeborenen

DE STEMMING VAN DE BABY 😁 ☹️ 😌 😐 😠   **DATUM**

ETEN

AM			PM		
Tijd	Eten	Bedrag	Tijd	Eten	Bedrag
___	___	___	___	___	___
___	___	___	___	___	___
___	___	___	___	___	___
___	___	___	___	___	___
___	___	___	___	___	___
___	___	___	___	___	___

SLAAP

AM			PM		
Begin	Einde	Duur	Begin	Einde	Duur
___	___	___	___	___	___
___	___	___	___	___	___
___	___	___	___	___	___
___	___	___	___	___	___
___	___	___	___	___	___

LUIER

plas/poep	Tijd	plas/poep	Tijd
○ ○	___	○ ○	___
○ ○	___	○ ○	___
○ ○	___	○ ○	___

ACTIVITEITENNOTA'S

Logboek voor pasgeborenen

DE STEMMING VAN DE BABY 😁 ☹️ 😌 😐 😠 **DATUM**

ETEN

AM

Tijd	Eten	Bedrag
___	___	___
___	___	___
___	___	___
___	___	___
___	___	___
___	___	___

PM

Tijd	Eten	Bedrag
___	___	___
___	___	___
___	___	___
___	___	___
___	___	___
___	___	___

SLAAP

AM

Begin	Einde	Duur
___	___	___
___	___	___
___	___	___
___	___	___
___	___	___
___	___	___

PM

Begin	Einde	Duur
___	___	___
___	___	___
___	___	___
___	___	___
___	___	___
___	___	___

LUIER

plas/poep	Tijd
○ ○	___
○ ○	___
○ ○	___

plas/poep	Tijd
○ ○	___
○ ○	___
○ ○	___

ACTIVITEITENNOTA'S

Logboek voor pasgeborenen

DE STEMMING VAN DE BABY 😁 ☹️ 😌 😐 😠 **DATUM**

ETEN

AM			PM		
Tijd	Eten	Bedrag	Tijd	Eten	Bedrag
___	___	___	___	___	___
___	___	___	___	___	___
___	___	___	___	___	___
___	___	___	___	___	___
___	___	___	___	___	___

SLAAP

AM			PM		
Begin	Einde	Duur	Begin	Einde	Duur
___	___	___	___	___	___
___	___	___	___	___	___
___	___	___	___	___	___
___	___	___	___	___	___
___	___	___	___	___	___

LUIER

plas/poep	Tijd	plas/poep	Tijd
○ ○	___	○ ○	___
○ ○	___	○ ○	___
○ ○	___	○ ○	___

ACTIVITEITENNOTA'S

Logboek voor pasgeborenen

DE STEMMING VAN DE BABY 😁 🙁 😌 😐 😠 **DATUM**

ETEN

	AM			PM	
Tijd	Eten	Bedrag	Tijd	Eten	Bedrag
___	___	___	___	___	___
___	___	___	___	___	___
___	___	___	___	___	___
___	___	___	___	___	___
___	___	___	___	___	___
___	___	___	___	___	___

SLAAP

	AM			PM	
Begin	Einde	Duur	Begin	Einde	Duur
___	___	___	___	___	___
___	___	___	___	___	___
___	___	___	___	___	___
___	___	___	___	___	___
___	___	___	___	___	___

LUIER

plas/poep	Tijd	plas/poep	Tijd
○ ○	___	○ ○	___
○ ○	___	○ ○	___
○ ○	___	○ ○	___

ACTIVITEITENNOTA'S

Logboek voor pasgeborenen

DE STEMMING VAN DE BABY 😁 ☹️ 😌 😐 😠   **DATUM**

ETEN

AM			PM		
Tijd	Eten	Bedrag	Tijd	Eten	Bedrag
___	___	___	___	___	___
___	___	___	___	___	___
___	___	___	___	___	___
___	___	___	___	___	___
___	___	___	___	___	___

SLAAP

AM			PM		
Begin	Einde	Duur	Begin	Einde	Duur
___	___	___	___	___	___
___	___	___	___	___	___
___	___	___	___	___	___
___	___	___	___	___	___
___	___	___	___	___	___

LUIER

plas/poep	Tijd	plas/poep	Tijd
○ ○	___	○ ○	___
○ ○	___	○ ○	___
○ ○	___	○ ○	___

ACTIVITEITENNOTA'S

Logboek voor pasgeborenen

DE STEMMING VAN DE BABY 😁 ☹️ 😌 😐 😠

DATUM

ETEN

AM

Tijd	Eten	Bedrag
___	___	___
___	___	___
___	___	___
___	___	___
___	___	___

PM

Tijd	Eten	Bedrag
___	___	___
___	___	___
___	___	___
___	___	___
___	___	___

SLAAP

AM

Begin	Einde	Duur
___	___	___
___	___	___
___	___	___
___	___	___
___	___	___

PM

Begin	Einde	Duur
___	___	___
___	___	___
___	___	___
___	___	___
___	___	___

LUIER

plas/poep	Tijd
○ ○	___
○ ○	___
○ ○	___

plas/poep	Tijd
○ ○	___
○ ○	___
○ ○	___

ACTIVITEITENNOTA'S

Logboek voor pasgeborenen

DE STEMMING VAN DE BABY 😁 ☹️ 😌 😐 😠 **DATUM**

ETEN

AM			PM		
Tijd	Eten	Bedrag	Tijd	Eten	Bedrag
——	——	——	——	——	——
——	——	——	——	——	——
——	——	——	——	——	——
——	——	——	——	——	——
——	——	——	——	——	——

SLAAP

AM			PM		
Begin	Einde	Duur	Begin	Einde	Duur
——	——	——	——	——	——
——	——	——	——	——	——
——	——	——	——	——	——
——	——	——	——	——	——
——	——	——	——	——	——

LUIER

plas/poep	Tijd	plas/poep	Tijd
○ ○	——	○ ○	——
○ ○	——	○ ○	——
○ ○	——	○ ○	——

ACTIVITEITENNOTA'S

Logboek voor pasgeborenen

DE STEMMING VAN DE BABY 😁 ☹️ 😌 😐 😠 **DATUM**

ETEN

AM			PM		
Tijd	Eten	Bedrag	Tijd	Eten	Bedrag
___	___	___	___	___	___
___	___	___	___	___	___
___	___	___	___	___	___
___	___	___	___	___	___
___	___	___	___	___	___

SLAAP

AM			PM		
Begin	Einde	Duur	Begin	Einde	Duur
___	___	___	___	___	___
___	___	___	___	___	___
___	___	___	___	___	___
___	___	___	___	___	___
___	___	___	___	___	___

LUIER

plas/poep	Tijd	plas/poep	Tijd
○ ○	___	○ ○	___
○ ○	___	○ ○	___
○ ○	___	○ ○	___

ACTIVITEITENNOTA'S

Logboek voor pasgeborenen

DE STEMMING VAN DE BABY 😁 ☹ 😌 😐 😠 **DATUM**

ETEN

AM			PM		
Tijd	Eten	Bedrag	Tijd	Eten	Bedrag
___	___	___	___	___	___
___	___	___	___	___	___
___	___	___	___	___	___
___	___	___	___	___	___
___	___	___	___	___	___

SLAAP

AM			PM		
Begin	Einde	Duur	Begin	Einde	Duur
___	___	___	___	___	___
___	___	___	___	___	___
___	___	___	___	___	___
___	___	___	___	___	___
___	___	___	___	___	___

LUIER

plas/poep	Tijd	plas/poep	Tijd
○ ○	___	○ ○	___
○ ○	___	○ ○	___
○ ○	___	○ ○	___

ACTIVITEITENNOTA'S

Logboek voor pasgeborenen

DE STEMMING VAN DE BABY 😁 ☹️ 😌 😐 😠   **DATUM**

ETEN

AM

Tijd	Eten	Bedrag
____	____	____
____	____	____
____	____	____
____	____	____
____	____	____
____	____	____

PM

Tijd	Eten	Bedrag
____	____	____
____	____	____
____	____	____
____	____	____
____	____	____
____	____	____

SLAAP

AM

Begin	Einde	Duur
____	____	____
____	____	____
____	____	____
____	____	____
____	____	____

PM

Begin	Einde	Duur
____	____	____
____	____	____
____	____	____
____	____	____
____	____	____

LUIER

plas/poep	Tijd
○ ○	____
○ ○	____
○ ○	____

plas/poep	Tijd
○ ○	____
○ ○	____
○ ○	____

ACTIVITEITENNOTA'S

Logboek voor pasgeborenen

DE STEMMING VAN DE BABY 😁 ☹️ 😌 😐 😠   **DATUM**

ETEN

AM			PM		
Tijd	Eten	Bedrag	Tijd	Eten	Bedrag
___	___	___	___	___	___
___	___	___	___	___	___
___	___	___	___	___	___
___	___	___	___	___	___
___	___	___	___	___	___

SLAAP

AM			PM		
Begin	Einde	Duur	Begin	Einde	Duur
___	___	___	___	___	___
___	___	___	___	___	___
___	___	___	___	___	___
___	___	___	___	___	___
___	___	___	___	___	___

LUIER

plas/poep	Tijd	plas/poep	Tijd
○ ○	___	○ ○	___
○ ○	___	○ ○	___
○ ○	___	○ ○	___

ACTIVITEITENNOTA'S

Logboek voor pasgeborenen

DE STEMMING VAN DE BABY 😁 ☹️ 😌 😐 😠

DATUM

ETEN

AM

Tijd	Eten	Bedrag
___	___	___
___	___	___
___	___	___
___	___	___
___	___	___
___	___	___

PM

Tijd	Eten	Bedrag
___	___	___
___	___	___
___	___	___
___	___	___
___	___	___
___	___	___

SLAAP

AM

Begin	Einde	Duur
___	___	___
___	___	___
___	___	___
___	___	___
___	___	___

PM

Begin	Einde	Duur
___	___	___
___	___	___
___	___	___
___	___	___
___	___	___

LUIER

plas/poep Tijd
○ ○ ___
○ ○ ___
○ ○ ___

plas/poep Tijd
○ ○ ___
○ ○ ___
○ ○ ___

ACTIVITEITENNOTA'S

Logboek voor pasgeborenen

DE STEMMING VAN DE BABY 😁 ☹️ 😌 😐 😠   **DATUM**

ETEN

AM			PM		
Tijd	Eten	Bedrag	Tijd	Eten	Bedrag
___	___	___	___	___	___
___	___	___	___	___	___
___	___	___	___	___	___
___	___	___	___	___	___
___	___	___	___	___	___

SLAAP

AM			PM		
Begin	Einde	Duur	Begin	Einde	Duur
___	___	___	___	___	___
___	___	___	___	___	___
___	___	___	___	___	___
___	___	___	___	___	___

LUIER

plas/poep	Tijd	plas/poep	Tijd
○ ○	___	○ ○	___
○ ○	___	○ ○	___
○ ○	___	○ ○	___

ACTIVITEITENNOTA'S

Logboek voor pasgeborenen

DE STEMMING VAN DE BABY 😁 ☹️ 😌 😐 😠   **DATUM**

ETEN

AM			PM		
Tijd	Eten	Bedrag	Tijd	Eten	Bedrag
___	___	___	___	___	___
___	___	___	___	___	___
___	___	___	___	___	___
___	___	___	___	___	___
___	___	___	___	___	___

SLAAP

AM			PM		
Begin	Einde	Duur	Begin	Einde	Duur
___	___	___	___	___	___
___	___	___	___	___	___
___	___	___	___	___	___
___	___	___	___	___	___

LUIER

plas/poep	Tijd	plas/poep	Tijd
○ ○	___	○ ○	___
○ ○	___	○ ○	___
○ ○	___	○ ○	___

ACTIVITEITENNOTA'S

Logboek voor pasgeborenen

DE STEMMING VAN DE BABY 😁 ☹️ 😌 😐 😠   **DATUM**

ETEN

AM			PM		
Tijd	Eten	Bedrag	Tijd	Eten	Bedrag
___	___	___	___	___	___
___	___	___	___	___	___
___	___	___	___	___	___
___	___	___	___	___	___
___	___	___	___	___	___

SLAAP

AM			PM		
Begin	Einde	Duur	Begin	Einde	Duur
___	___	___	___	___	___
___	___	___	___	___	___
___	___	___	___	___	___
___	___	___	___	___	___
___	___	___	___	___	___

LUIER

plas/poep	Tijd	plas/poep	Tijd
○ ○	___	○ ○	___
○ ○	___	○ ○	___
○ ○	___	○ ○	___

ACTIVITEITENNOTA'S

Logboek voor pasgeborenen

DE STEMMING VAN DE BABY 😁 ☹️ 😌 😐 😠 **DATUM**

ETEN

AM			**PM**		
Tijd	Eten	Bedrag	Tijd	Eten	Bedrag
___	___	___	___	___	___
___	___	___	___	___	___
___	___	___	___	___	___
___	___	___	___	___	___
___	___	___	___	___	___

SLAAP

AM			**PM**		
Begin	Einde	Duur	Begin	Einde	Duur
___	___	___	___	___	___
___	___	___	___	___	___
___	___	___	___	___	___
___	___	___	___	___	___
___	___	___	___	___	___

LUIER

plas/poep	Tijd	plas/poep	Tijd
○ ○	___	○ ○	___
○ ○	___	○ ○	___
○ ○	___	○ ○	___

ACTIVITEITENNOTA'S

Logboek voor pasgeborenen

DE STEMMING VAN DE BABY 😁 ☹️ 😌 😐 😠   **DATUM**

ETEN

AM			PM		
Tijd	Eten	Bedrag	Tijd	Eten	Bedrag
___	___	___	___	___	___
___	___	___	___	___	___
___	___	___	___	___	___
___	___	___	___	___	___
___	___	___	___	___	___

SLAAP

AM			PM		
Begin	Einde	Duur	Begin	Einde	Duur
___	___	___	___	___	___
___	___	___	___	___	___
___	___	___	___	___	___
___	___	___	___	___	___
___	___	___	___	___	___

LUIER

plas/poep	Tijd	plas/poep	Tijd
○ ○	___	○ ○	___
○ ○	___	○ ○	___
○ ○	___	○ ○	___

ACTIVITEITENNOTA'S

Logboek voor pasgeborenen

DE STEMMING VAN DE BABY 😁 ☹️ 😌 😐 😠   **DATUM** _____

ETEN

AM			PM		
Tijd	Eten	Bedrag	Tijd	Eten	Bedrag
___	___	___	___	___	___
___	___	___	___	___	___
___	___	___	___	___	___
___	___	___	___	___	___
___	___	___	___	___	___

SLAAP

AM			PM		
Begin	Einde	Duur	Begin	Einde	Duur
___	___	___	___	___	___
___	___	___	___	___	___
___	___	___	___	___	___
___	___	___	___	___	___
___	___	___	___	___	___

LUIER

plas/poep	Tijd	plas/poep	Tijd
○ ○	___	○ ○	___
○ ○	___	○ ○	___
○ ○	___	○ ○	___

ACTIVITEITENNOTA'S

Logboek voor pasgeborenen

DE STEMMING VAN DE BABY 😁 ☹️ 😌 😐 😠   **DATUM**

ETEN

AM			PM		
Tijd	Eten	Bedrag	Tijd	Eten	Bedrag
___	___	___	___	___	___
___	___	___	___	___	___
___	___	___	___	___	___
___	___	___	___	___	___
___	___	___	___	___	___

SLAAP

AM			PM		
Begin	Einde	Duur	Begin	Einde	Duur
___	___	___	___	___	___
___	___	___	___	___	___
___	___	___	___	___	___
___	___	___	___	___	___
___	___	___	___	___	___

LUIER

plas/poep	Tijd		plas/poep	Tijd
○ ○	___		○ ○	___
○ ○	___		○ ○	___
○ ○	___		○ ○	___

ACTIVITEITENNOTA'S

Logboek voor pasgeborenen

DE STEMMING VAN DE BABY 😁 ☹️ 😌 😐 😠 **DATUM**

ETEN

AM				PM		
Tijd	Eten	Bedrag		Tijd	Eten	Bedrag
___	___	___		___	___	___
___	___	___		___	___	___
___	___	___		___	___	___
___	___	___		___	___	___
___	___	___		___	___	___
___	___	___		___	___	___

SLAAP

AM				PM		
Begin	Einde	Duur		Begin	Einde	Duur
___	___	___		___	___	___
___	___	___		___	___	___
___	___	___		___	___	___
___	___	___		___	___	___
___	___	___		___	___	___

LUIER

plas/poep	Tijd		plas/poep	Tijd
○ ○	___		○ ○	___
○ ○	___		○ ○	___
○ ○	___		○ ○	___

ACTIVITEITENNOTA'S

Logboek voor pasgeborenen

DE STEMMING VAN DE BABY 😁 ☹ 😌 😐 😠   **DATUM**

ETEN

AM			PM		
Tijd	Eten	Bedrag	Tijd	Eten	Bedrag
——	——	——	——	——	——
——	——	——	——	——	——
——	——	——	——	——	——
——	——	——	——	——	——
——	——	——	——	——	——

SLAAP

AM			PM		
Begin	Einde	Duur	Begin	Einde	Duur
——	——	——	——	——	——
——	——	——	——	——	——
——	——	——	——	——	——
——	——	——	——	——	——

LUIER

plas/poep	Tijd		plas/poep	Tijd
○ ○	——		○ ○	——
○ ○	——		○ ○	——
○ ○	——		○ ○	——

ACTIVITEITENNOTA'S

Logboek voor pasgeborenen

DE STEMMING VAN DE BABY 😁 ☹️ 😌 😐 😠   **DATUM**

ETEN

AM			PM		
Tijd	Eten	Bedrag	Tijd	Eten	Bedrag
___	___	___	___	___	___
___	___	___	___	___	___
___	___	___	___	___	___
___	___	___	___	___	___
___	___	___	___	___	___

SLAAP

AM			PM		
Begin	Einde	Duur	Begin	Einde	Duur
___	___	___	___	___	___
___	___	___	___	___	___
___	___	___	___	___	___
___	___	___	___	___	___

LUIER

plas/poep	Tijd	plas/poep	Tijd
○ ○	___	○ ○	___
○ ○	___	○ ○	___
○ ○	___	○ ○	___

ACTIVITEITENNOTA'S

Logboek voor pasgeborenen

DE STEMMING VAN DE BABY 😁 ☹️ 😌 😐 😠   **DATUM**

ETEN

	AM			PM	
Tijd	Eten	Bedrag	Tijd	Eten	Bedrag
___	___	___	___	___	___
___	___	___	___	___	___
___	___	___	___	___	___
___	___	___	___	___	___
___	___	___	___	___	___

SLAAP

	AM			PM	
Begin	Einde	Duur	Begin	Einde	Duur
___	___	___	___	___	___
___	___	___	___	___	___
___	___	___	___	___	___
___	___	___	___	___	___

LUIER

plas/poep	Tijd	plas/poep	Tijd
○ ○	___	○ ○	___
○ ○	___	○ ○	___
○ ○	___	○ ○	___

ACTIVITEITENNOTA'S

Logboek voor pasgeborenen

DE STEMMING VAN DE BABY 😁 ☹️ 😌 😐 😠

DATUM

ETEN

AM			PM		
Tijd	Eten	Bedrag	Tijd	Eten	Bedrag
___	___	___	___	___	___
___	___	___	___	___	___
___	___	___	___	___	___
___	___	___	___	___	___
___	___	___	___	___	___
___	___	___	___	___	___

SLAAP

AM			PM		
Begin	Einde	Duur	Begin	Einde	Duur
___	___	___	___	___	___
___	___	___	___	___	___
___	___	___	___	___	___
___	___	___	___	___	___
___	___	___	___	___	___

LUIER

plas/poep	Tijd	plas/poep	Tijd
○ ○	___	○ ○	___
○ ○	___	○ ○	___
○ ○	___	○ ○	___

ACTIVITEITENNOTA'S

Logboek voor pasgeborenen

DE STEMMING VAN DE BABY 😁 ☹️ 😌 😐 😠 **DATUM**

ETEN

AM			PM		
Tijd	Eten	Bedrag	Tijd	Eten	Bedrag
___	___	___	___	___	___
___	___	___	___	___	___
___	___	___	___	___	___
___	___	___	___	___	___
___	___	___	___	___	___

SLAAP

AM			PM		
Begin	Einde	Duur	Begin	Einde	Duur
___	___	___	___	___	___
___	___	___	___	___	___
___	___	___	___	___	___
___	___	___	___	___	___
___	___	___	___	___	___

LUIER

plas/poep	Tijd	plas/poep	Tijd
○ ○	___	○ ○	___
○ ○	___	○ ○	___
○ ○	___	○ ○	___

ACTIVITEITENNOTA'S

Logboek voor pasgeborenen

DE STEMMING VAN DE BABY 😁 ☹️ 😌 😐 😠   **DATUM**

ETEN

AM			PM		
Tijd	Eten	Bedrag	Tijd	Eten	Bedrag
___	___	___	___	___	___
___	___	___	___	___	___
___	___	___	___	___	___
___	___	___	___	___	___
___	___	___	___	___	___
___	___	___	___	___	___

SLAAP

AM			PM		
Begin	Einde	Duur	Begin	Einde	Duur
___	___	___	___	___	___
___	___	___	___	___	___
___	___	___	___	___	___
___	___	___	___	___	___
___	___	___	___	___	___

LUIER

plas/poep	Tijd	plas/poep	Tijd
○ ○	___	○ ○	___
○ ○	___	○ ○	___
○ ○	___	○ ○	___

ACTIVITEITENNOTA'S

Logboek voor pasgeborenen

DE STEMMING VAN DE BABY 😁 ☹️ 😌 😐 😠   **DATUM**

ETEN

AM

Tijd	Eten	Bedrag
____	____	____
____	____	____
____	____	____
____	____	____
____	____	____

PM

Tijd	Eten	Bedrag
____	____	____
____	____	____
____	____	____
____	____	____
____	____	____

SLAAP

AM

Begin	Einde	Duur
____	____	____
____	____	____
____	____	____
____	____	____

PM

Begin	Einde	Duur
____	____	____
____	____	____
____	____	____
____	____	____

LUIER

plas/poep	Tijd
○ ○	____
○ ○	____
○ ○	____

plas/poep	Tijd
○ ○	____
○ ○	____
○ ○	____

ACTIVITEITENNOTA'S

Logboek voor pasgeborenen

DE STEMMING VAN DE BABY 😁 ☹️ 😌 😐 😠 **DATUM**

ETEN

AM			PM		
Tijd	Eten	Bedrag	Tijd	Eten	Bedrag
___	___	___	___	___	___
___	___	___	___	___	___
___	___	___	___	___	___
___	___	___	___	___	___
___	___	___	___	___	___
___	___	___	___	___	___

SLAAP

AM			PM		
Begin	Einde	Duur	Begin	Einde	Duur
___	___	___	___	___	___
___	___	___	___	___	___
___	___	___	___	___	___
___	___	___	___	___	___
___	___	___	___	___	___

LUIER

plas/poep	Tijd	plas/poep	Tijd
○ ○	___	○ ○	___
○ ○	___	○ ○	___
○ ○	___	○ ○	___

ACTIVITEITENNOTA'S

Logboek voor pasgeborenen

DE STEMMING VAN DE BABY 😁 ☹️ 😌 😐 😠   **DATUM**

ETEN

AM			PM		
Tijd	Eten	Bedrag	Tijd	Eten	Bedrag
___	___	___	___	___	___
___	___	___	___	___	___
___	___	___	___	___	___
___	___	___	___	___	___
___	___	___	___	___	___

SLAAP

AM			PM		
Begin	Einde	Duur	Begin	Einde	Duur
___	___	___	___	___	___
___	___	___	___	___	___
___	___	___	___	___	___
___	___	___	___	___	___
___	___	___	___	___	___

LUIER

plas/poep	Tijd	plas/poep	Tijd
○ ○	___	○ ○	___
○ ○	___	○ ○	___
○ ○	___	○ ○	___

ACTIVITEITENNOTA'S

Logboek voor pasgeborenen

DE STEMMING VAN DE BABY 😁 ☹ 😌 😐 😠

DATUM

ETEN

AM

Tijd	Eten	Bedrag
____	____	____
____	____	____
____	____	____
____	____	____
____	____	____

PM

Tijd	Eten	Bedrag
____	____	____
____	____	____
____	____	____
____	____	____
____	____	____

SLAAP

AM

Begin	Einde	Duur
____	____	____
____	____	____
____	____	____
____	____	____
____	____	____

PM

Begin	Einde	Duur
____	____	____
____	____	____
____	____	____
____	____	____
____	____	____

LUIER

plas/poep   Tijd
○ ○ _____
○ ○ _____
○ ○ _____

plas/poep   Tijd
○ ○ _____
○ ○ _____
○ ○ _____

ACTIVITEITENNOTA'S

Logboek voor pasgeborenen

DE STEMMING VAN DE BABY 😁 ☹️ 😌 😐 😠   **DATUM**

ETEN

	AM			PM	
Tijd	Eten	Bedrag	Tijd	Eten	Bedrag
___	___	___	___	___	___
___	___	___	___	___	___
___	___	___	___	___	___
___	___	___	___	___	___
___	___	___	___	___	___

SLAAP

	AM			PM	
Begin	Einde	Duur	Begin	Einde	Duur
___	___	___	___	___	___
___	___	___	___	___	___
___	___	___	___	___	___
___	___	___	___	___	___
___	___	___	___	___	___

LUIER

plas/poep	Tijd	plas/poep	Tijd
○ ○	___	○ ○	___
○ ○	___	○ ○	___
○ ○	___	○ ○	___

ACTIVITEITENNOTA'S

Logboek voor pasgeborenen

DE STEMMING VAN DE BABY 😁 🙁 😌 😐 😠   **DATUM**

ETEN

AM			PM		
Tijd	Eten	Bedrag	Tijd	Eten	Bedrag
___	___	___	___	___	___
___	___	___	___	___	___
___	___	___	___	___	___
___	___	___	___	___	___
___	___	___	___	___	___

SLAAP

AM			PM		
Begin	Einde	Duur	Begin	Einde	Duur
___	___	___	___	___	___
___	___	___	___	___	___
___	___	___	___	___	___
___	___	___	___	___	___
___	___	___	___	___	___

LUIER

plas/poep	Tijd	plas/poep	Tijd
○ ○	___	○ ○	___
○ ○	___	○ ○	___
○ ○	___	○ ○	___

ACTIVITEITENNOTA'S

Logboek voor pasgeborenen

DE STEMMING VAN DE BABY 😁 ☹️ 😌 😐 😠   **DATUM**

ETEN

AM			PM		
Tijd	Eten	Bedrag	Tijd	Eten	Bedrag
——	——	——	——	——	——
——	——	——	——	——	——
——	——	——	——	——	——
——	——	——	——	——	——
——	——	——	——	——	——

SLAAP

AM			PM		
Begin	Einde	Duur	Begin	Einde	Duur
——	——	——	——	——	——
——	——	——	——	——	——
——	——	——	——	——	——
——	——	——	——	——	——

LUIER

plas/poep	Tijd	plas/poep	Tijd
○ ○	——	○ ○	——
○ ○	——	○ ○	——
○ ○	——	○ ○	——

ACTIVITEITENNOTA'S

Logboek voor pasgeborenen

DE STEMMING VAN DE BABY 😁 ☹ 😌 😐 😠   **DATUM**

ETEN

AM			PM		
Tijd	Eten	Bedrag	Tijd	Eten	Bedrag
___	___	___	___	___	___
___	___	___	___	___	___
___	___	___	___	___	___
___	___	___	___	___	___
___	___	___	___	___	___

SLAAP

AM			PM		
Begin	Einde	Duur	Begin	Einde	Duur
___	___	___	___	___	___
___	___	___	___	___	___
___	___	___	___	___	___
___	___	___	___	___	___

LUIER

plas/poep	Tijd	plas/poep	Tijd
○ ○	___	○ ○	___
○ ○	___	○ ○	___
○ ○	___	○ ○	___

ACTIVITEITENNOTA'S

Logboek voor pasgeborenen

DE STEMMING VAN DE BABY 😁 ☹ 😌 😐 😠   **DATUM**

ETEN

AM			PM		
Tijd	Eten	Bedrag	Tijd	Eten	Bedrag
___	___	___	___	___	___
___	___	___	___	___	___
___	___	___	___	___	___
___	___	___	___	___	___
___	___	___	___	___	___

SLAAP

AM			PM		
Begin	Einde	Duur	Begin	Einde	Duur
___	___	___	___	___	___
___	___	___	___	___	___
___	___	___	___	___	___
___	___	___	___	___	___

LUIER

plas/poep	Tijd	plas/poep	Tijd
O O	___	O O	___
O O	___	O O	___
O O	___	O O	___

ACTIVITEITENNOTA'S

Logboek voor pasgeborenen

DE STEMMING VAN DE BABY 😁 ☹️ 😌 😐 😠   **DATUM**

ETEN

AM			PM		
Tijd	Eten	Bedrag	Tijd	Eten	Bedrag
___	___	___	___	___	___
___	___	___	___	___	___
___	___	___	___	___	___
___	___	___	___	___	___
___	___	___	___	___	___
___	___	___	___	___	___

SLAAP

AM			PM		
Begin	Einde	Duur	Begin	Einde	Duur
___	___	___	___	___	___
___	___	___	___	___	___
___	___	___	___	___	___
___	___	___	___	___	___
___	___	___	___	___	___

LUIER

plas/poep	Tijd	plas/poep	Tijd
○ ○	___	○ ○	___
○ ○	___	○ ○	___
○ ○	___	○ ○	___

ACTIVITEITENNOTA'S

Logboek voor pasgeborenen

DE STEMMING VAN DE BABY 😁 ☹️ 😌 😐 😠   **DATUM**

ETEN

AM
Tijd	Eten	Bedrag

PM
Tijd	Eten	Bedrag

SLAAP

AM
Begin	Einde	Duur

PM
Begin	Einde	Duur

LUIER

plas/poep	Tijd		plas/poep	Tijd
○ ○			○ ○	
○ ○			○ ○	
○ ○			○ ○	

ACTIVITEITENNOTA'S

Logboek voor pasgeborenen

DE STEMMING VAN DE BABY 😁 ☹️ 😌 😐 😠   **DATUM**

ETEN

AM				PM	
Tijd	Eten	Bedrag	Tijd	Eten	Bedrag
___	___	___	___	___	___
___	___	___	___	___	___
___	___	___	___	___	___
___	___	___	___	___	___
___	___	___	___	___	___
___	___	___	___	___	___

SLAAP

AM				PM	
Begin	Einde	Duur	Begin	Einde	Duur
___	___	___	___	___	___
___	___	___	___	___	___
___	___	___	___	___	___
___	___	___	___	___	___
___	___	___	___	___	___

LUIER

plas/poep	Tijd	plas/poep	Tijd
○ ○	___	○ ○	___
○ ○	___	○ ○	___
○ ○	___	○ ○	___

ACTIVITEITENNOTA'S

Logboek voor pasgeborenen

DE STEMMING VAN DE BABY 😁 ☹️ 😌 😐 😠   **DATUM**

ETEN

AM			PM		
Tijd	Eten	Bedrag	Tijd	Eten	Bedrag
___	___	___	___	___	___
___	___	___	___	___	___
___	___	___	___	___	___
___	___	___	___	___	___
___	___	___	___	___	___

SLAAP

AM			PM		
Begin	Einde	Duur	Begin	Einde	Duur
___	___	___	___	___	___
___	___	___	___	___	___
___	___	___	___	___	___
___	___	___	___	___	___
___	___	___	___	___	___

LUIER

plas/poep	Tijd	plas/poep	Tijd
O O	___	O O	___
O O	___	O O	___
O O	___	O O	___

ACTIVITEITENNOTA'S

Logboek voor pasgeborenen

DE STEMMING VAN DE BABY 😁 ☹️ 😌 😐 😠 **DATUM**

ETEN

AM			PM		
Tijd	Eten	Bedrag	Tijd	Eten	Bedrag
___	___	___	___	___	___
___	___	___	___	___	___
___	___	___	___	___	___
___	___	___	___	___	___
___	___	___	___	___	___
___	___	___	___	___	___

SLAAP

AM			PM		
Begin	Einde	Duur	Begin	Einde	Duur
___	___	___	___	___	___
___	___	___	___	___	___
___	___	___	___	___	___
___	___	___	___	___	___
___	___	___	___	___	___

LUIER

plas/poep	Tijd	plas/poep	Tijd
○ ○	___	○ ○	___
○ ○	___	○ ○	___
○ ○	___	○ ○	___

ACTIVITEITENNOTA'S

Logboek voor pasgeborenen

DE STEMMING VAN DE BABY 😁 😟 😌 😐 😠   **DATUM**

ETEN

AM			PM		
Tijd	Eten	Bedrag	Tijd	Eten	Bedrag
_____	_____	_____	_____	_____	_____
_____	_____	_____	_____	_____	_____
_____	_____	_____	_____	_____	_____
_____	_____	_____	_____	_____	_____
_____	_____	_____	_____	_____	_____

SLAAP

AM			PM		
Begin	Einde	Duur	Begin	Einde	Duur
_____	_____	_____	_____	_____	_____
_____	_____	_____	_____	_____	_____
_____	_____	_____	_____	_____	_____
_____	_____	_____	_____	_____	_____
_____	_____	_____	_____	_____	_____

LUIER

plas/poep	Tijd	plas/poep	Tijd
○ ○	_____	○ ○	_____
○ ○	_____	○ ○	_____
○ ○	_____	○ ○	_____

ACTIVITEITENNOTA'S

Logboek voor pasgeborenen

DE STEMMING VAN DE BABY 😁 ☹ 😌 😐 😠   **DATUM**

ETEN

AM				PM		
Tijd	Eten	Bedrag		Tijd	Eten	Bedrag
___	___	___		___	___	___
___	___	___		___	___	___
___	___	___		___	___	___
___	___	___		___	___	___
___	___	___		___	___	___

SLAAP

AM				PM		
Begin	Einde	Duur		Begin	Einde	Duur
___	___	___		___	___	___
___	___	___		___	___	___
___	___	___		___	___	___
___	___	___		___	___	___

LUIER

plas/poep	Tijd		plas/poep	Tijd
○ ○	___		○ ○	___
○ ○	___		○ ○	___
○ ○	___		○ ○	___

ACTIVITEITENNOTA'S

Logboek voor pasgeborenen

DE STEMMING VAN DE BABY 😁 ☹️ 😌 😐 😠   **DATUM**

ETEN

AM			PM		
Tijd	Eten	Bedrag	Tijd	Eten	Bedrag
___	___	___	___	___	___
___	___	___	___	___	___
___	___	___	___	___	___
___	___	___	___	___	___
___	___	___	___	___	___

SLAAP

AM			PM		
Begin	Einde	Duur	Begin	Einde	Duur
___	___	___	___	___	___
___	___	___	___	___	___
___	___	___	___	___	___
___	___	___	___	___	___

LUIER

plas/poep	Tijd	plas/poep	Tijd
○ ○	___	○ ○	___
○ ○	___	○ ○	___
○ ○	___	○ ○	___

ACTIVITEITENNOTA'S

Logboek voor pasgeborenen

DE STEMMING VAN DE BABY 😁 ☹ 😌 😐 😠   **DATUM**

ETEN

AM

Tijd	Eten	Bedrag
____	____	_____
____	____	_____
____	____	_____
____	____	_____
____	____	_____
____	____	_____

PM

Tijd	Eten	Bedrag
____	____	_____
____	____	_____
____	____	_____
____	____	_____
____	____	_____
____	____	_____

SLAAP

AM

Begin	Einde	Duur
_____	_____	____
_____	_____	____
_____	_____	____
_____	_____	____
_____	_____	____

PM

Begin	Einde	Duur
_____	_____	____
_____	_____	____
_____	_____	____
_____	_____	____
_____	_____	____

LUIER

plas/poep   Tijd
○ ○ _____
○ ○ _____
○ ○ _____

plas/poep   Tijd
○ ○ _____
○ ○ _____
○ ○ _____

ACTIVITEITENNOTA'S

Logboek voor pasgeborenen

DE STEMMING VAN DE BABY 😁 ☹️ 😌 😐 😠   **DATUM**

ETEN

AM			PM		
Tijd	Eten	Bedrag	Tijd	Eten	Bedrag
___	___	___	___	___	___
___	___	___	___	___	___
___	___	___	___	___	___
___	___	___	___	___	___
___	___	___	___	___	___

SLAAP

AM			PM		
Begin	Einde	Duur	Begin	Einde	Duur
___	___	___	___	___	___
___	___	___	___	___	___
___	___	___	___	___	___
___	___	___	___	___	___
___	___	___	___	___	___

LUIER

plas/poep	Tijd	plas/poep	Tijd
○ ○	___	○ ○	___
○ ○	___	○ ○	___
○ ○	___	○ ○	___

ACTIVITEITENNOTA'S

Logboek voor pasgeborenen

DE STEMMING VAN DE BABY 😁 🙁 😌 😐 😠 **DATUM**

ETEN

AM

Tijd	Eten	Bedrag
___	___	___
___	___	___
___	___	___
___	___	___
___	___	___
___	___	___

PM

Tijd	Eten	Bedrag
___	___	___
___	___	___
___	___	___
___	___	___
___	___	___
___	___	___

SLAAP

AM

Begin	Einde	Duur
___	___	___
___	___	___
___	___	___
___	___	___
___	___	___

PM

Begin	Einde	Duur
___	___	___
___	___	___
___	___	___
___	___	___
___	___	___

LUIER

plas/poep	Tijd
○ ○	___
○ ○	___
○ ○	___

plas/poep	Tijd
○ ○	___
○ ○	___
○ ○	___

ACTIVITEITENNOTA'S

Logboek voor pasgeborenen

DE STEMMING VAN DE BABY 😁 ☹️ 😌 😐 😠 **DATUM**

ETEN

AM
Tijd	Eten	Bedrag
____	____	____
____	____	____
____	____	____
____	____	____
____	____	____

PM
Tijd	Eten	Bedrag
____	____	____
____	____	____
____	____	____
____	____	____
____	____	____

SLAAP

AM
Begin	Einde	Duur
____	____	____
____	____	____
____	____	____
____	____	____
____	____	____

PM
Begin	Einde	Duur
____	____	____
____	____	____
____	____	____
____	____	____
____	____	____

LUIER

plas/poep	Tijd		plas/poep	Tijd
○ ○	____		○ ○	____
○ ○	____		○ ○	____
○ ○	____		○ ○	____

ACTIVITEITENNOTA'S

Logboek voor pasgeborenen

DE STEMMING VAN DE BABY 😁 ☹️ 😌 😐 😠   **DATUM**

ETEN

AM			PM		
Tijd	Eten	Bedrag	Tijd	Eten	Bedrag
___	___	___	___	___	___
___	___	___	___	___	___
___	___	___	___	___	___
___	___	___	___	___	___
___	___	___	___	___	___

SLAAP

AM			PM		
Begin	Einde	Duur	Begin	Einde	Duur
___	___	___	___	___	___
___	___	___	___	___	___
___	___	___	___	___	___
___	___	___	___	___	___

LUIER

plas/poep	Tijd	plas/poep	Tijd
○ ○	___	○ ○	___
○ ○	___	○ ○	___
○ ○	___	○ ○	___

ACTIVITEITENNOTA'S

Logboek voor pasgeborenen

DE STEMMING VAN DE BABY 😁 ☹️ 😌 😐 😠 **DATUM**

ETEN

AM

Tijd	Eten	Bedrag
___	___	___
___	___	___
___	___	___
___	___	___
___	___	___

PM

Tijd	Eten	Bedrag
___	___	___
___	___	___
___	___	___
___	___	___
___	___	___

SLAAP

AM

Begin	Einde	Duur
___	___	___
___	___	___
___	___	___
___	___	___
___	___	___

PM

Begin	Einde	Duur
___	___	___
___	___	___
___	___	___
___	___	___
___	___	___

LUIER

plas/poep	Tijd		plas/poep	Tijd
○ ○	___		○ ○	___
○ ○	___		○ ○	___
○ ○	___		○ ○	___

ACTIVITEITENNOTA'S

Logboek voor pasgeborenen

DE STEMMING VAN DE BABY 😁 ☹️ 😌 😐 😠

DATUM

ETEN

AM

Tijd	Eten	Bedrag
____	____	____
____	____	____
____	____	____
____	____	____
____	____	____
____	____	____

PM

Tijd	Eten	Bedrag
____	____	____
____	____	____
____	____	____
____	____	____
____	____	____
____	____	____

SLAAP

AM

Begin	Einde	Duur
____	____	____
____	____	____
____	____	____
____	____	____
____	____	____

PM

Begin	Einde	Duur
____	____	____
____	____	____
____	____	____
____	____	____
____	____	____

LUIER

plas/poep   Tijd
○ ○ _____
○ ○ _____
○ ○ _____

plas/poep   Tijd
○ ○ _____
○ ○ _____
○ ○ _____

ACTIVITEITENNOTA'S

Logboek voor pasgeborenen

DE STEMMING VAN DE BABY 😁 ☹️ 😌 😐 😠 **DATUM**

ETEN

AM			PM		
Tijd	Eten	Bedrag	Tijd	Eten	Bedrag
___	___	___	___	___	___
___	___	___	___	___	___
___	___	___	___	___	___
___	___	___	___	___	___
___	___	___	___	___	___

SLAAP

AM			PM		
Begin	Einde	Duur	Begin	Einde	Duur
___	___	___	___	___	___
___	___	___	___	___	___
___	___	___	___	___	___
___	___	___	___	___	___

LUIER

plas/poep	Tijd	plas/poep	Tijd
○ ○	___	○ ○	___
○ ○	___	○ ○	___
○ ○	___	○ ○	___

ACTIVITEITENNOTA'S

Logboek voor pasgeborenen

DE STEMMING VAN DE BABY 😁 ☹️ 😌 😐 😠   **DATUM**

ETEN

AM

Tijd	Eten	Bedrag
___	___	___
___	___	___
___	___	___
___	___	___
___	___	___
___	___	___

PM

Tijd	Eten	Bedrag
___	___	___
___	___	___
___	___	___
___	___	___
___	___	___
___	___	___

SLAAP

AM

Begin	Einde	Duur
___	___	___
___	___	___
___	___	___
___	___	___
___	___	___

PM

Begin	Einde	Duur
___	___	___
___	___	___
___	___	___
___	___	___
___	___	___

LUIER

plas/poep	Tijd
○ ○	___
○ ○	___
○ ○	___

plas/poep	Tijd
○ ○	___
○ ○	___
○ ○	___

ACTIVITEITENNOTA'S

Logboek voor pasgeborenen

DE STEMMING VAN DE BABY 😁 ☹ 😌 😐 😠   **DATUM**

ETEN

AM			PM		
Tijd	Eten	Bedrag	Tijd	Eten	Bedrag
___	___	___	___	___	___
___	___	___	___	___	___
___	___	___	___	___	___
___	___	___	___	___	___
___	___	___	___	___	___

SLAAP

AM			PM		
Begin	Einde	Duur	Begin	Einde	Duur
___	___	___	___	___	___
___	___	___	___	___	___
___	___	___	___	___	___
___	___	___	___	___	___

LUIER

plas/poep	Tijd	plas/poep	Tijd
○ ○	___	○ ○	___
○ ○	___	○ ○	___
○ ○	___	○ ○	___

ACTIVITEITENNOTA'S

Logboek voor pasgeborenen

DE STEMMING VAN DE BABY 😁 ☹️ 😌 😐 😠   **DATUM**

ETEN

AM

Tijd	Eten	Bedrag
____	____	____
____	____	____
____	____	____
____	____	____
____	____	____
____	____	____

PM

Tijd	Eten	Bedrag
____	____	____
____	____	____
____	____	____
____	____	____
____	____	____
____	____	____

SLAAP

AM

Begin	Einde	Duur
____	____	____
____	____	____
____	____	____
____	____	____
____	____	____

PM

Begin	Einde	Duur
____	____	____
____	____	____
____	____	____
____	____	____
____	____	____

LUIER

plas/poep Tijd
○ ○ _____
○ ○ _____
○ ○ _____

plas/poep Tijd
○ ○ _____
○ ○ _____
○ ○ _____

ACTIVITEITENNOTA'S

Logboek voor pasgeborenen

DE STEMMING VAN DE BABY 😁 ☹️ 😌 😐 😠 **DATUM**

ETEN

AM			PM		
Tijd	Eten	Bedrag	Tijd	Eten	Bedrag
___	___	___	___	___	___
___	___	___	___	___	___
___	___	___	___	___	___
___	___	___	___	___	___
___	___	___	___	___	___

SLAAP

AM			PM		
Begin	Einde	Duur	Begin	Einde	Duur
___	___	___	___	___	___
___	___	___	___	___	___
___	___	___	___	___	___
___	___	___	___	___	___
___	___	___	___	___	___

LUIER

plas/poep	Tijd	plas/poep	Tijd
○ ○	___	○ ○	___
○ ○	___	○ ○	___
○ ○	___	○ ○	___

ACTIVITEITENNOTA'S

Logboek voor pasgeborenen

DE STEMMING VAN DE BABY 😁 ☹️ 😌 😐 😠   **DATUM**

ETEN

AM			PM		
Tijd	Eten	Bedrag	Tijd	Eten	Bedrag
___	___	___	___	___	___
___	___	___	___	___	___
___	___	___	___	___	___
___	___	___	___	___	___
___	___	___	___	___	___
___	___	___	___	___	___

SLAAP

AM			PM		
Begin	Einde	Duur	Begin	Einde	Duur
___	___	___	___	___	___
___	___	___	___	___	___
___	___	___	___	___	___
___	___	___	___	___	___
___	___	___	___	___	___

LUIER

plas/poep	Tijd	plas/poep	Tijd
○ ○	___	○ ○	___
○ ○	___	○ ○	___
○ ○	___	○ ○	___

ACTIVITEITENNOTA'S

Logboek voor pasgeborenen

DE STEMMING VAN DE BABY 😁 ☹️ 😌 😐 😠   **DATUM**

ETEN

AM			PM		
Tijd	Eten	Bedrag	Tijd	Eten	Bedrag
___	___	___	___	___	___
___	___	___	___	___	___
___	___	___	___	___	___
___	___	___	___	___	___
___	___	___	___	___	___

SLAAP

AM			PM		
Begin	Einde	Duur	Begin	Einde	Duur
___	___	___	___	___	___
___	___	___	___	___	___
___	___	___	___	___	___
___	___	___	___	___	___
___	___	___	___	___	___

LUIER

plas/poep	Tijd	plas/poep	Tijd
○ ○	___	○ ○	___
○ ○	___	○ ○	___
○ ○	___	○ ○	___

ACTIVITEITENNOTA'S

Logboek voor pasgeborenen

DE STEMMING VAN DE BABY 😁 ☹️ 😌 😐 😠   **DATUM**

ETEN

AM			PM		
Tijd	Eten	Bedrag	Tijd	Eten	Bedrag
___	___	___	___	___	___
___	___	___	___	___	___
___	___	___	___	___	___
___	___	___	___	___	___
___	___	___	___	___	___

SLAAP

AM			PM		
Begin	Einde	Duur	Begin	Einde	Duur
___	___	___	___	___	___
___	___	___	___	___	___
___	___	___	___	___	___
___	___	___	___	___	___
___	___	___	___	___	___

LUIER

plas/poep	Tijd	plas/poep	Tijd
○ ○	___	○ ○	___
○ ○	___	○ ○	___
○ ○	___	○ ○	___

ACTIVITEITENNOTA'S

Logboek voor pasgeborenen

DE STEMMING VAN DE BABY 😁 ☹️ 😌 😐 😠 **DATUM**

ETEN

AM			PM		
Tijd	Eten	Bedrag	Tijd	Eten	Bedrag
___	___	___	___	___	___
___	___	___	___	___	___
___	___	___	___	___	___
___	___	___	___	___	___
___	___	___	___	___	___

SLAAP

AM			PM		
Begin	Einde	Duur	Begin	Einde	Duur
___	___	___	___	___	___
___	___	___	___	___	___
___	___	___	___	___	___
___	___	___	___	___	___

LUIER

plas/poep	Tijd	plas/poep	Tijd
○ ○	___	○ ○	___
○ ○	___	○ ○	___
○ ○	___	○ ○	___

ACTIVITEITENNOTA'S

Logboek voor pasgeborenen

DE STEMMING VAN DE BABY 😁 ☹️ 😌 😐 😠   **DATUM**

ETEN

AM			PM		
Tijd	Eten	Bedrag	Tijd	Eten	Bedrag
___	___	___	___	___	___
___	___	___	___	___	___
___	___	___	___	___	___
___	___	___	___	___	___
___	___	___	___	___	___

SLAAP

AM			PM		
Begin	Einde	Duur	Begin	Einde	Duur
___	___	___	___	___	___
___	___	___	___	___	___
___	___	___	___	___	___
___	___	___	___	___	___
___	___	___	___	___	___

LUIER

plas/poep	Tijd	plas/poep	Tijd
○ ○	___	○ ○	___
○ ○	___	○ ○	___
○ ○	___	○ ○	___

ACTIVITEITENNOTA'S

Logboek voor pasgeborenen

DE STEMMING VAN DE BABY 😁 ☹️ 😌 😐 😠   **DATUM**

ETEN

AM
Tijd	Eten	Bedrag
___	___	___
___	___	___
___	___	___
___	___	___
___	___	___

PM
Tijd	Eten	Bedrag
___	___	___
___	___	___
___	___	___
___	___	___
___	___	___

SLAAP

AM
Begin	Einde	Duur
___	___	___
___	___	___
___	___	___
___	___	___

PM
Begin	Einde	Duur
___	___	___
___	___	___
___	___	___
___	___	___

LUIER

plas/poep	Tijd
○ ○	___
○ ○	___
○ ○	___

plas/poep	Tijd
○ ○	___
○ ○	___
○ ○	___

ACTIVITEITENNOTA'S

Logboek voor pasgeborenen

DE STEMMING VAN DE BABY 😁 ☹️ 😌 😐 😠   **DATUM**

ETEN

	AM			PM	
Tijd	Eten	Bedrag	Tijd	Eten	Bedrag
___	___	___	___	___	___
___	___	___	___	___	___
___	___	___	___	___	___
___	___	___	___	___	___
___	___	___	___	___	___

SLAAP

	AM			PM	
Begin	Einde	Duur	Begin	Einde	Duur
___	___	___	___	___	___
___	___	___	___	___	___
___	___	___	___	___	___
___	___	___	___	___	___
___	___	___	___	___	___

LUIER

plas/poep	Tijd	plas/poep	Tijd
○ ○	___	○ ○	___
○ ○	___	○ ○	___
○ ○	___	○ ○	___

ACTIVITEITENNOTA'S

Logboek voor pasgeborenen

DE STEMMING VAN DE BABY 😁 ☹ 😌 😐 😠   **DATUM**

ETEN

AM			PM		
Tijd	Eten	Bedrag	Tijd	Eten	Bedrag
___	___	___	___	___	___
___	___	___	___	___	___
___	___	___	___	___	___
___	___	___	___	___	___
___	___	___	___	___	___

SLAAP

AM			PM		
Begin	Einde	Duur	Begin	Einde	Duur
___	___	___	___	___	___
___	___	___	___	___	___
___	___	___	___	___	___
___	___	___	___	___	___
___	___	___	___	___	___

LUIER

plas/poep	Tijd	plas/poep	Tijd
○ ○	___	○ ○	___
○ ○	___	○ ○	___
○ ○	___	○ ○	___

ACTIVITEITENNOTA'S

Logboek voor pasgeborenen

DE STEMMING VAN DE BABY 😁 🙁 😌 😐 😠   **DATUM**

ETEN

AM

Tijd	Eten	Bedrag
____	____	____
____	____	____
____	____	____
____	____	____
____	____	____

PM

Tijd	Eten	Bedrag
____	____	____
____	____	____
____	____	____
____	____	____
____	____	____

SLAAP

AM

Begin	Einde	Duur
____	____	____
____	____	____
____	____	____
____	____	____
____	____	____

PM

Begin	Einde	Duur
____	____	____
____	____	____
____	____	____
____	____	____
____	____	____

LUIER

plas/poep	Tijd
○ ○	____
○ ○	____
○ ○	____

plas/poep	Tijd
○ ○	____
○ ○	____
○ ○	____

ACTIVITEITENNOTA'S

Logboek voor pasgeborenen

DE STEMMING VAN DE BABY 😁 ☹ 😌 😐 😠   **DATUM**

ETEN

AM				PM		
Tijd	Eten	Bedrag		Tijd	Eten	Bedrag
——	——	——		——	——	——
——	——	——		——	——	——
——	——	——		——	——	——
——	——	——		——	——	——
——	——	——		——	——	——

SLAAP

AM				PM		
Begin	Einde	Duur		Begin	Einde	Duur
——	——	——		——	——	——
——	——	——		——	——	——
——	——	——		——	——	——
——	——	——		——	——	——
——	——	——		——	——	——

LUIER

plas/poep	Tijd		plas/poep	Tijd
○ ○	——		○ ○	——
○ ○	——		○ ○	——
○ ○	——		○ ○	——

ACTIVITEITENNOTA'S

Logboek voor pasgeborenen

DE STEMMING VAN DE BABY 😁 ☹️ 😌 😐 😠   **DATUM**

ETEN

AM			PM		
Tijd	Eten	Bedrag	Tijd	Eten	Bedrag
___	___	___	___	___	___
___	___	___	___	___	___
___	___	___	___	___	___
___	___	___	___	___	___
___	___	___	___	___	___

SLAAP

AM			PM		
Begin	Einde	Duur	Begin	Einde	Duur
___	___	___	___	___	___
___	___	___	___	___	___
___	___	___	___	___	___
___	___	___	___	___	___

LUIER

plas/poep	Tijd	plas/poep	Tijd
○ ○	___	○ ○	___
○ ○	___	○ ○	___
○ ○	___	○ ○	___

ACTIVITEITENNOTA'S

Logboek voor pasgeborenen

DE STEMMING VAN DE BABY 😁 ☹️ 😌 😐 😠   **DATUM**

ETEN

AM				PM		
Tijd	Eten	Bedrag		Tijd	Eten	Bedrag
___	___	___		___	___	___
___	___	___		___	___	___
___	___	___		___	___	___
___	___	___		___	___	___
___	___	___		___	___	___

SLAAP

AM				PM		
Begin	Einde	Duur		Begin	Einde	Duur
___	___	___		___	___	___
___	___	___		___	___	___
___	___	___		___	___	___
___	___	___		___	___	___
___	___	___		___	___	___

LUIER

plas/poep	Tijd		plas/poep	Tijd
○ ○	___		○ ○	___
○ ○	___		○ ○	___
○ ○	___		○ ○	___

ACTIVITEITENNOTA'S

Logboek voor pasgeborenen

DE STEMMING VAN DE BABY 😁 ☹️ 😌 😐 😠

DATUM

ETEN

AM

Tijd	Eten	Bedrag
___	___	___
___	___	___
___	___	___
___	___	___
___	___	___
___	___	___

PM

Tijd	Eten	Bedrag
___	___	___
___	___	___
___	___	___
___	___	___
___	___	___
___	___	___

SLAAP

AM

Begin	Einde	Duur
___	___	___
___	___	___
___	___	___
___	___	___
___	___	___

PM

Begin	Einde	Duur
___	___	___
___	___	___
___	___	___
___	___	___
___	___	___

LUIER

plas/poep	Tijd
○ ○	___
○ ○	___
○ ○	___

plas/poep	Tijd
○ ○	___
○ ○	___
○ ○	___

ACTIVITEITENNOTA'S

Logboek voor pasgeborenen

DE STEMMING VAN DE BABY 😁 ☹️ 😌 😐 😠 **DATUM**

ETEN

AM				PM		
Tijd	Eten	Bedrag		Tijd	Eten	Bedrag
___	___	___		___	___	___
___	___	___		___	___	___
___	___	___		___	___	___
___	___	___		___	___	___
___	___	___		___	___	___

SLAAP

AM				PM		
Begin	Einde	Duur		Begin	Einde	Duur
___	___	___		___	___	___
___	___	___		___	___	___
___	___	___		___	___	___
___	___	___		___	___	___
___	___	___		___	___	___

LUIER

plas/poep	Tijd		plas/poep	Tijd
○ ○	___		○ ○	___
○ ○	___		○ ○	___
○ ○	___		○ ○	___

ACTIVITEITENNOTA'S

Logboek voor pasgeborenen

DE STEMMING VAN DE BABY 😁 ☹️ 😌 😐 😠   **DATUM**

ETEN

AM			PM		
Tijd	Eten	Bedrag	Tijd	Eten	Bedrag
___	___	___	___	___	___
___	___	___	___	___	___
___	___	___	___	___	___
___	___	___	___	___	___
___	___	___	___	___	___
___	___	___	___	___	___

SLAAP

AM			PM		
Begin	Einde	Duur	Begin	Einde	Duur
___	___	___	___	___	___
___	___	___	___	___	___
___	___	___	___	___	___
___	___	___	___	___	___
___	___	___	___	___	___

LUIER

plas/poep	Tijd	plas/poep	Tijd
○ ○	___	○ ○	___
○ ○	___	○ ○	___
○ ○	___	○ ○	___

ACTIVITEITENNOTA'S

Logboek voor pasgeborenen

DE STEMMING VAN DE BABY 😁 ☹ 😌 😐 😠   **DATUM**

ETEN

AM			PM		
Tijd	Eten	Bedrag	Tijd	Eten	Bedrag
___	___	___	___	___	___
___	___	___	___	___	___
___	___	___	___	___	___
___	___	___	___	___	___
___	___	___	___	___	___

SLAAP

AM			PM		
Begin	Einde	Duur	Begin	Einde	Duur
___	___	___	___	___	___
___	___	___	___	___	___
___	___	___	___	___	___
___	___	___	___	___	___
___	___	___	___	___	___

LUIER

plas/poep	Tijd	plas/poep	Tijd
○ ○	___	○ ○	___
○ ○	___	○ ○	___
○ ○	___	○ ○	___

ACTIVITEITENNOTA'S

Logboek voor pasgeborenen

DE STEMMING VAN DE BABY 😁 ☹️ 😌 😐 😠 **DATUM**

ETEN

AM			PM		
Tijd	Eten	Bedrag	Tijd	Eten	Bedrag
___	___	___	___	___	___
___	___	___	___	___	___
___	___	___	___	___	___
___	___	___	___	___	___
___	___	___	___	___	___

SLAAP

AM			PM		
Begin	Einde	Duur	Begin	Einde	Duur
___	___	___	___	___	___
___	___	___	___	___	___
___	___	___	___	___	___
___	___	___	___	___	___

LUIER

plas/poep	Tijd	plas/poep	Tijd
○ ○	___	○ ○	___
○ ○	___	○ ○	___
○ ○	___	○ ○	___

ACTIVITEITENNOTA'S

Logboek voor pasgeborenen

DE STEMMING VAN DE BABY 😁 🙁 😌 😐 😠 **DATUM**

ETEN

AM			PM		
Tijd	Eten	Bedrag	Tijd	Eten	Bedrag
___	___	___	___	___	___
___	___	___	___	___	___
___	___	___	___	___	___
___	___	___	___	___	___
___	___	___	___	___	___

SLAAP

AM			PM		
Begin	Einde	Duur	Begin	Einde	Duur
___	___	___	___	___	___
___	___	___	___	___	___
___	___	___	___	___	___
___	___	___	___	___	___
___	___	___	___	___	___

LUIER

plas/poep	Tijd	plas/poep	Tijd
○ ○	___	○ ○	___
○ ○	___	○ ○	___
○ ○	___	○ ○	___

ACTIVITEITENNOTA'S

Logboek voor pasgeborenen

DE STEMMING VAN DE BABY 😁 ☹️ 😌 😐 😠   **DATUM**

ETEN

AM

Tijd	Eten	Bedrag
____	____	____
____	____	____
____	____	____
____	____	____
____	____	____

PM

Tijd	Eten	Bedrag
____	____	____
____	____	____
____	____	____
____	____	____
____	____	____

SLAAP

AM

Begin	Einde	Duur
____	____	____
____	____	____
____	____	____
____	____	____

PM

Begin	Einde	Duur
____	____	____
____	____	____
____	____	____
____	____	____

LUIER

plas/poep Tijd
○ ○ _____
○ ○ _____
○ ○ _____

plas/poep Tijd
○ ○ _____
○ ○ _____
○ ○ _____

ACTIVITEITENNOTA'S

Logboek voor pasgeborenen

DE STEMMING VAN DE BABY 😁 ☹️ 😌 😐 😠   **DATUM**

ETEN

AM			PM		
Tijd	Eten	Bedrag	Tijd	Eten	Bedrag
___	___	___	___	___	___
___	___	___	___	___	___
___	___	___	___	___	___
___	___	___	___	___	___
___	___	___	___	___	___

SLAAP

AM			PM		
Begin	Einde	Duur	Begin	Einde	Duur
___	___	___	___	___	___
___	___	___	___	___	___
___	___	___	___	___	___
___	___	___	___	___	___

LUIER

plas/poep	Tijd	plas/poep	Tijd
○ ○	___	○ ○	___
○ ○	___	○ ○	___
○ ○	___	○ ○	___

ACTIVITEITENNOTA'S

Logboek voor pasgeborenen

DE STEMMING VAN DE BABY 😁 ☹️ 😌 😐 😠   **DATUM**

ETEN

AM			PM		
Tijd	Eten	Bedrag	Tijd	Eten	Bedrag
___	___	___	___	___	___
___	___	___	___	___	___
___	___	___	___	___	___
___	___	___	___	___	___
___	___	___	___	___	___
___	___	___	___	___	___

SLAAP

AM			PM		
Begin	Einde	Duur	Begin	Einde	Duur
___	___	___	___	___	___
___	___	___	___	___	___
___	___	___	___	___	___
___	___	___	___	___	___
___	___	___	___	___	___

LUIER

plas/poep	Tijd	plas/poep	Tijd
○ ○	___	○ ○	___
○ ○	___	○ ○	___
○ ○	___	○ ○	___

ACTIVITEITENNOTA'S

Logboek voor pasgeborenen

DE STEMMING VAN DE BABY 😁 ☹️ 😌 😐 😠   **DATUM**

ETEN

AM			PM		
Tijd	Eten	Bedrag	Tijd	Eten	Bedrag
___	___	___	___	___	___
___	___	___	___	___	___
___	___	___	___	___	___
___	___	___	___	___	___
___	___	___	___	___	___

SLAAP

AM			PM		
Begin	Einde	Duur	Begin	Einde	Duur
___	___	___	___	___	___
___	___	___	___	___	___
___	___	___	___	___	___
___	___	___	___	___	___
___	___	___	___	___	___

LUIER

plas/poep	Tijd	plas/poep	Tijd
○ ○	___	○ ○	___
○ ○	___	○ ○	___
○ ○	___	○ ○	___

ACTIVITEITENNOTA'S

Logboek voor pasgeborenen

DE STEMMING VAN DE BABY 😁 ☹ 😌 😐 😠

DATUM

ETEN

AM			PM		
Tijd	Eten	Bedrag	Tijd	Eten	Bedrag
___	___	___	___	___	___
___	___	___	___	___	___
___	___	___	___	___	___
___	___	___	___	___	___
___	___	___	___	___	___

SLAAP

AM			PM		
Begin	Einde	Duur	Begin	Einde	Duur
___	___	___	___	___	___
___	___	___	___	___	___
___	___	___	___	___	___
___	___	___	___	___	___

LUIER

plas/poep	Tijd	plas/poep	Tijd
○ ○	___	○ ○	___
○ ○	___	○ ○	___
○ ○	___	○ ○	___

ACTIVITEITENNOTA'S

Logboek voor pasgeborenen

DE STEMMING VAN DE BABY 😁 ☹ 😌 😐 😠   **DATUM**

ETEN

AM			PM		
Tijd	Eten	Bedrag	Tijd	Eten	Bedrag
___	___	___	___	___	___
___	___	___	___	___	___
___	___	___	___	___	___
___	___	___	___	___	___
___	___	___	___	___	___

SLAAP

AM			PM		
Begin	Einde	Duur	Begin	Einde	Duur
___	___	___	___	___	___
___	___	___	___	___	___
___	___	___	___	___	___
___	___	___	___	___	___
___	___	___	___	___	___

LUIER

plas/poep	Tijd		plas/poep	Tijd
○ ○	___		○ ○	___
○ ○	___		○ ○	___
○ ○	___		○ ○	___

ACTIVITEITENNOTA'S

Logboek voor pasgeborenen

DE STEMMING VAN DE BABY 😁 ☹️ 😌 😐 😠   **DATUM**

ETEN

AM

Tijd	Eten	Bedrag
___	___	___
___	___	___
___	___	___
___	___	___
___	___	___
___	___	___

PM

Tijd	Eten	Bedrag
___	___	___
___	___	___
___	___	___
___	___	___
___	___	___
___	___	___

SLAAP

AM

Begin	Einde	Duur
___	___	___
___	___	___
___	___	___
___	___	___
___	___	___

PM

Begin	Einde	Duur
___	___	___
___	___	___
___	___	___
___	___	___
___	___	___

LUIER

plas/poep   Tijd
○ ○ _____
○ ○ _____
○ ○ _____

plas/poep   Tijd
○ ○ _____
○ ○ _____
○ ○ _____

ACTIVITEITENNOTA'S

Logboek voor pasgeborenen

DE STEMMING VAN DE BABY   **DATUM**

ETEN

AM			PM		
Tijd	Eten	Bedrag	Tijd	Eten	Bedrag
___	___	___	___	___	___
___	___	___	___	___	___
___	___	___	___	___	___
___	___	___	___	___	___
___	___	___	___	___	___

SLAAP

AM			PM		
Begin	Einde	Duur	Begin	Einde	Duur
___	___	___	___	___	___
___	___	___	___	___	___
___	___	___	___	___	___
___	___	___	___	___	___
___	___	___	___	___	___

LUIER

plas/poep	Tijd	plas/poep	Tijd
○ ○	___	○ ○	___
○ ○	___	○ ○	___
○ ○	___	○ ○	___

ACTIVITEITENNOTA'S

Logboek voor pasgeborenen

DE STEMMING VAN DE BABY 😁 ☹️ 😌 😐 😠   **DATUM**

ETEN

AM			PM		
Tijd	Eten	Bedrag	Tijd	Eten	Bedrag
___	___	___	___	___	___
___	___	___	___	___	___
___	___	___	___	___	___
___	___	___	___	___	___
___	___	___	___	___	___
___	___	___	___	___	___

SLAAP

AM			PM		
Begin	Einde	Duur	Begin	Einde	Duur
___	___	___	___	___	___
___	___	___	___	___	___
___	___	___	___	___	___
___	___	___	___	___	___
___	___	___	___	___	___

LUIER

plas/poep	Tijd	plas/poep	Tijd
○ ○	___	○ ○	___
○ ○	___	○ ○	___
○ ○	___	○ ○	___

ACTIVITEITENNOTA'S

Logboek voor pasgeborenen

DE STEMMING VAN DE BABY 😁 ☹️ 😌 😐 😠   **DATUM**

ETEN

AM			PM		
Tijd	Eten	Bedrag	Tijd	Eten	Bedrag
——	——	——	——	——	——
——	——	——	——	——	——
——	——	——	——	——	——
——	——	——	——	——	——
——	——	——	——	——	——

SLAAP

AM			PM		
Begin	Einde	Duur	Begin	Einde	Duur
——	——	——	——	——	——
——	——	——	——	——	——
——	——	——	——	——	——
——	——	——	——	——	——
——	——	——	——	——	——

LUIER

plas/poep	Tijd	plas/poep	Tijd
○ ○	——	○ ○	——
○ ○	——	○ ○	——
○ ○	——	○ ○	——

ACTIVITEITENNOTA'S

Logboek voor pasgeborenen

DE STEMMING VAN DE BABY 😁 ☹️ 😌 😐 😠 **DATUM**

ETEN

AM

Tijd	Eten	Bedrag
___	___	___
___	___	___
___	___	___
___	___	___
___	___	___

PM

Tijd	Eten	Bedrag
___	___	___
___	___	___
___	___	___
___	___	___
___	___	___

SLAAP

AM

Begin	Einde	Duur
___	___	___
___	___	___
___	___	___
___	___	___
___	___	___

PM

Begin	Einde	Duur
___	___	___
___	___	___
___	___	___
___	___	___
___	___	___

LUIER

plas/poep	Tijd
○ ○	___
○ ○	___
○ ○	___

plas/poep	Tijd
○ ○	___
○ ○	___
○ ○	___

ACTIVITEITENNOTA'S

Logboek voor pasgeborenen

DE STEMMING VAN DE BABY 😁 ☹️ 😌 😐 😠 **DATUM**

ETEN

AM			PM		
Tijd	Eten	Bedrag	Tijd	Eten	Bedrag
___	___	___	___	___	___
___	___	___	___	___	___
___	___	___	___	___	___
___	___	___	___	___	___
___	___	___	___	___	___

SLAAP

AM			PM		
Begin	Einde	Duur	Begin	Einde	Duur
___	___	___	___	___	___
___	___	___	___	___	___
___	___	___	___	___	___
___	___	___	___	___	___
___	___	___	___	___	___

LUIER

plas/poep	Tijd	plas/poep	Tijd
○ ○	___	○ ○	___
○ ○	___	○ ○	___
○ ○	___	○ ○	___

ACTIVITEITENNOTA'S

Logboek voor pasgeborenen

DE STEMMING VAN DE BABY 😁 ☹️ 😌 😐 😠   **DATUM**

ETEN

AM			PM		
Tijd	Eten	Bedrag	Tijd	Eten	Bedrag
___	___	___	___	___	___
___	___	___	___	___	___
___	___	___	___	___	___
___	___	___	___	___	___
___	___	___	___	___	___
___	___	___	___	___	___

SLAAP

AM			PM		
Begin	Einde	Duur	Begin	Einde	Duur
___	___	___	___	___	___
___	___	___	___	___	___
___	___	___	___	___	___
___	___	___	___	___	___
___	___	___	___	___	___

LUIER

plas/poep	Tijd	plas/poep	Tijd
○ ○	___	○ ○	___
○ ○	___	○ ○	___
○ ○	___	○ ○	___

ACTIVITEITENNOTA'S

Logboek voor pasgeborenen

DE STEMMING VAN DE BABY 😁 ☹ 😌 😐 😠   **DATUM**

ETEN

AM

Tijd	Eten	Bedrag
___	___	___
___	___	___
___	___	___
___	___	___
___	___	___
___	___	___

PM

Tijd	Eten	Bedrag
___	___	___
___	___	___
___	___	___
___	___	___
___	___	___
___	___	___

SLAAP

AM

Begin	Einde	Duur
___	___	___
___	___	___
___	___	___
___	___	___
___	___	___

PM

Begin	Einde	Duur
___	___	___
___	___	___
___	___	___
___	___	___
___	___	___

LUIER

plas/poep	Tijd
○ ○	___
○ ○	___
○ ○	___

plas/poep	Tijd
○ ○	___
○ ○	___
○ ○	___

ACTIVITEITENNOTA'S

Logboek voor pasgeborenen

DE STEMMING VAN DE BABY 😀 ☹️ 😌 😐 😠   **DATUM**

ETEN

AM			PM		
Tijd	Eten	Bedrag	Tijd	Eten	Bedrag
___	___	___	___	___	___
___	___	___	___	___	___
___	___	___	___	___	___
___	___	___	___	___	___
___	___	___	___	___	___

SLAAP

AM			PM		
Begin	Einde	Duur	Begin	Einde	Duur
___	___	___	___	___	___
___	___	___	___	___	___
___	___	___	___	___	___
___	___	___	___	___	___
___	___	___	___	___	___

LUIER

plas/poep	Tijd	plas/poep	Tijd
○ ○	___	○ ○	___
○ ○	___	○ ○	___
○ ○	___	○ ○	___

ACTIVITEITENNOTA'S

Logboek voor pasgeborenen

DE STEMMING VAN DE BABY 😁 ☹ 😌 😐 😠   **DATUM**

ETEN

AM			PM		
Tijd	Eten	Bedrag	Tijd	Eten	Bedrag
___	___	___	___	___	___
___	___	___	___	___	___
___	___	___	___	___	___
___	___	___	___	___	___
___	___	___	___	___	___

SLAAP

AM			PM		
Begin	Einde	Duur	Begin	Einde	Duur
___	___	___	___	___	___
___	___	___	___	___	___
___	___	___	___	___	___
___	___	___	___	___	___
___	___	___	___	___	___

LUIER

plas/poep	Tijd	plas/poep	Tijd
○ ○	___	○ ○	___
○ ○	___	○ ○	___
○ ○	___	○ ○	___

ACTIVITEITENNOTA'S

Logboek voor pasgeborenen

DE STEMMING VAN DE BABY 😁 ☹ 😌 😐 😠   **DATUM**

ETEN

AM			PM		
Tijd	Eten	Bedrag	Tijd	Eten	Bedrag
___	___	___	___	___	___
___	___	___	___	___	___
___	___	___	___	___	___
___	___	___	___	___	___
___	___	___	___	___	___

SLAAP

AM			PM		
Begin	Einde	Duur	Begin	Einde	Duur
___	___	___	___	___	___
___	___	___	___	___	___
___	___	___	___	___	___
___	___	___	___	___	___
___	___	___	___	___	___

LUIER

plas/poep	Tijd	plas/poep	Tijd
○ ○	___	○ ○	___
○ ○	___	○ ○	___
○ ○	___	○ ○	___

ACTIVITEITENNOTA'S

Logboek voor pasgeborenen

DE STEMMING VAN DE BABY 😁 ☹️ 😌 😐 😠 **DATUM**

ETEN

AM			PM		
Tijd	Eten	Bedrag	Tijd	Eten	Bedrag
___	___	___	___	___	___
___	___	___	___	___	___
___	___	___	___	___	___
___	___	___	___	___	___
___	___	___	___	___	___

SLAAP

AM			PM		
Begin	Einde	Duur	Begin	Einde	Duur
___	___	___	___	___	___
___	___	___	___	___	___
___	___	___	___	___	___
___	___	___	___	___	___
___	___	___	___	___	___

LUIER

plas/poep	Tijd	plas/poep	Tijd
○ ○	___	○ ○	___
○ ○	___	○ ○	___
○ ○	___	○ ○	___

ACTIVITEITENNOTA'S

Logboek voor pasgeborenen

DE STEMMING VAN DE BABY 😁 ☹ 😌 😐 😠

DATUM

ETEN

AM

Tijd	Eten	Bedrag
___	___	___
___	___	___
___	___	___
___	___	___
___	___	___
___	___	___

PM

Tijd	Eten	Bedrag
___	___	___
___	___	___
___	___	___
___	___	___
___	___	___
___	___	___

SLAAP

AM

Begin	Einde	Duur
___	___	___
___	___	___
___	___	___
___	___	___
___	___	___

PM

Begin	Einde	Duur
___	___	___
___	___	___
___	___	___
___	___	___
___	___	___

LUIER

plas/poep	Tijd
○ ○	___
○ ○	___
○ ○	___

plas/poep	Tijd
○ ○	___
○ ○	___
○ ○	___

ACTIVITEITENNOTA'S

Logboek voor pasgeborenen

DE STEMMING VAN DE BABY 😁 ☹️ 😌 😐 😠

DATUM

ETEN

AM

Tijd	Eten	Bedrag
____	____	_____
____	____	_____
____	____	_____
____	____	_____
____	____	_____

PM

Tijd	Eten	Bedrag
____	____	_____
____	____	_____
____	____	_____
____	____	_____
____	____	_____

SLAAP

AM

Begin	Einde	Duur
_____	_____	____
_____	_____	____
_____	_____	____
_____	_____	____
_____	_____	____

PM

Begin	Einde	Duur
_____	_____	____
_____	_____	____
_____	_____	____
_____	_____	____
_____	_____	____

LUIER

plas/poep	Tijd
○ ○	_____
○ ○	_____
○ ○	_____

plas/poep	Tijd
○ ○	_____
○ ○	_____
○ ○	_____

ACTIVITEITENNOTA'S

Logboek voor pasgeborenen

DE STEMMING VAN DE BABY 😁 🙁 😌 😐 😠 **DATUM**

ETEN

	AM			PM	
Tijd	Eten	Bedrag	Tijd	Eten	Bedrag
___	___	___	___	___	___
___	___	___	___	___	___
___	___	___	___	___	___
___	___	___	___	___	___
___	___	___	___	___	___
___	___	___	___	___	___

SLAAP

	AM			PM	
Begin	Einde	Duur	Begin	Einde	Duur
___	___	___	___	___	___
___	___	___	___	___	___
___	___	___	___	___	___
___	___	___	___	___	___
___	___	___	___	___	___

LUIER

plas/poep	Tijd	plas/poep	Tijd
○ ○	___	○ ○	___
○ ○	___	○ ○	___
○ ○	___	○ ○	___

ACTIVITEITENNOTA'S

Logboek voor pasgeborenen

DE STEMMING VAN DE BABY 😁 ☹️ 😌 😐 😠   **DATUM**

ETEN

AM			PM		
Tijd	Eten	Bedrag	Tijd	Eten	Bedrag
___	___	___	___	___	___
___	___	___	___	___	___
___	___	___	___	___	___
___	___	___	___	___	___
___	___	___	___	___	___

SLAAP

AM			PM		
Begin	Einde	Duur	Begin	Einde	Duur
___	___	___	___	___	___
___	___	___	___	___	___
___	___	___	___	___	___
___	___	___	___	___	___
___	___	___	___	___	___

LUIER

plas/poep	Tijd	plas/poep	Tijd
O O	___	O O	___
O O	___	O O	___
O O	___	O O	___

ACTIVITEITENNOTA'S

Logboek voor pasgeborenen

DE STEMMING VAN DE BABY 😁 ☹ 😌 😐 😠   **DATUM**

ETEN

AM

Tijd	Eten	Bedrag
____	____	____
____	____	____
____	____	____
____	____	____
____	____	____
____	____	____

PM

Tijd	Eten	Bedrag
____	____	____
____	____	____
____	____	____
____	____	____
____	____	____
____	____	____

SLAAP

AM

Begin	Einde	Duur
____	____	____
____	____	____
____	____	____
____	____	____
____	____	____

PM

Begin	Einde	Duur
____	____	____
____	____	____
____	____	____
____	____	____
____	____	____

LUIER

plas/poep	Tijd
○ ○	____
○ ○	____
○ ○	____

plas/poep	Tijd
○ ○	____
○ ○	____
○ ○	____

ACTIVITEITENNOTA'S

Logboek voor pasgeborenen

DE STEMMING VAN DE BABY 😁 ☹️ 😌 😐 😠   **DATUM**

ETEN

AM			PM		
Tijd	Eten	Bedrag	Tijd	Eten	Bedrag
___	___	___	___	___	___
___	___	___	___	___	___
___	___	___	___	___	___
___	___	___	___	___	___
___	___	___	___	___	___
___	___	___	___	___	___

SLAAP

AM			PM		
Begin	Einde	Duur	Begin	Einde	Duur
___	___	___	___	___	___
___	___	___	___	___	___
___	___	___	___	___	___
___	___	___	___	___	___
___	___	___	___	___	___

LUIER

plas/poep	Tijd	plas/poep	Tijd
○ ○	___	○ ○	___
○ ○	___	○ ○	___
○ ○	___	○ ○	___

ACTIVITEITENNOTA'S

Logboek voor pasgeborenen

DE STEMMING VAN DE BABY 😁 ☹ 😌 😐 😠   **DATUM**

ETEN

AM				PM		
Tijd	Eten	Bedrag		Tijd	Eten	Bedrag
___	___	___		___	___	___
___	___	___		___	___	___
___	___	___		___	___	___
___	___	___		___	___	___
___	___	___		___	___	___
___	___	___		___	___	___

SLAAP

AM				PM		
Begin	Einde	Duur		Begin	Einde	Duur
___	___	___		___	___	___
___	___	___		___	___	___
___	___	___		___	___	___
___	___	___		___	___	___
___	___	___		___	___	___

LUIER

plas/poep	Tijd		plas/poep	Tijd
○ ○	___		○ ○	___
○ ○	___		○ ○	___
○ ○	___		○ ○	___

ACTIVITEITENNOTA'S

Logboek voor pasgeborenen

DE STEMMING VAN DE BABY 😁 ☹ 😌 😐 😠   **DATUM**

ETEN

AM				PM		
Tijd	Eten	Bedrag		Tijd	Eten	Bedrag
___	___	___		___	___	___
___	___	___		___	___	___
___	___	___		___	___	___
___	___	___		___	___	___
___	___	___		___	___	___
___	___	___		___	___	___

SLAAP

AM				PM		
Begin	Einde	Duur		Begin	Einde	Duur
___	___	___		___	___	___
___	___	___		___	___	___
___	___	___		___	___	___
___	___	___		___	___	___
___	___	___		___	___	___

LUIER

plas/poep	Tijd		plas/poep	Tijd
○ ○	___		○ ○	___
○ ○	___		○ ○	___
○ ○	___		○ ○	___

ACTIVITEITENNOTA'S

Logboek voor pasgeborenen

DE STEMMING VAN DE BABY 😁 ☹️ 😌 😐 😠 **DATUM**

ETEN

AM				PM		
Tijd	Eten	Bedrag		Tijd	Eten	Bedrag
___	___	___		___	___	___
___	___	___		___	___	___
___	___	___		___	___	___
___	___	___		___	___	___
___	___	___		___	___	___

SLAAP

AM				PM		
Begin	Einde	Duur		Begin	Einde	Duur
___	___	___		___	___	___
___	___	___		___	___	___
___	___	___		___	___	___
___	___	___		___	___	___

LUIER

plas/poep	Tijd		plas/poep	Tijd
○ ○	___		○ ○	___
○ ○	___		○ ○	___
○ ○	___		○ ○	___

ACTIVITEITENNOTA'S

www.ingramcontent.com/pod-product-compliance
Lightning Source LLC
LaVergne TN
LVHW011724060526
838200LV00051B/3022